春牛圖密碼解讀

一本通書讓你讀懂
春牛預言謎思

蔣匡文 著

U0106393

萬里機構

前言

　　每逢臨近歲末，在接受不同電視台、電台及報章雜誌的訪問時，大家都有興趣探知來年的運程走勢。

　　坊間對未來流年的預測，一般引用的是「斗數叢辰」及「立春」日之八字，甚至有人用卜卦來作基礎。筆者應用的卻是一套比較複雜的方法，除了「七政四餘」天星格局，《皇極經世》及《太乙數》之外，也引用了廣東《通勝》作為參考。

　　「通勝」是「通書」之別名，廣府忌諱不喜歡「書」字，因其音與「贏輸」的「輸」同音，視為不吉，故改稱為「通勝」，意即要大小通吃而不要通賠的意思。

　　廣府《通勝》以「蔡真步堂」（堪輿曆學泰斗蔡伯勵大師的工作室）出版的為正宗，家學淵源於清代官方的《時憲曆》。其中，第一頁開宗明義便有「春牛圖」及「地母卦」，那是古代農業社會一種用來預測來年天氣、降雨量、穀物收成，以至經濟好壞的方法。這是古代不懂字的農民也懂的通識，今天不少大學生反而卻一竅不通。

表面看來，春牛圖接近迷信，其實背後有一套陰陽五行，中國干支紀年及天文知識的綜合計算在其中。現時天文學的技術未能預測一年後的天氣，但是一幅春牛圖卻能準確預測。

筆者累積了多年實驗，撰寫此小書，目的正是為大家介紹這套傳統古老智慧的基本原理，以及春牛背後蘊藏的文化，乃至對內地和周邊地區的影響，作為迎來農曆新年的一種通識。

蔣匡文

封面文案註釋：

易經坤卦、卦象為牛；厚德以載物，
堪輿寶穴為臥牛之地；牛臥而起，歲歲興旺！

《易經》中，牛代表「坤卦」，「坤」也代表大地；
在堪輿風水學上，有一龍穴名為「臥牛之地」，
當臥牛而起，寓意地方興旺，這是對我們身處之地的一個祝願！

目錄

第二章
中國曆法理據通識

目錄

第三章
春牛密碼全圖拆解

附錄

第一章

天氣預測古為今用

一、甚麼是春牛

在中國古代的城市中，以州、府、縣為每個城市的行政單位，而最小的縣城之中，縣衙都設於城市的中心區，它既是縣太守所居住的地方，也是偵查罪案、審判及監禁罪犯之地，所以是集警署、法庭及監獄於一身的管治中心。

除此以外，政府有甚麼公佈，例如一些新法令的頒佈、通緝罪犯等資訊，都會把這些皇榜貼在縣衙大門外的牆壁，以便公佈於百姓。

除了這些日常工作之外，衙門在每年臨近農曆新年的前後，立春前一日開始至立春當天二日，會舉辦一個迎春牛，打春牛的慶典。

這與一般宗教慶祝等節日不同，是由當地的地方官主持，連皇帝也會舉行同樣的儀式。古代迎春牛的目的，除了是一個官方習俗之外，古人認為這春牛是根據曆法計算，有預測來年天氣及經濟、農作物收成的效用，中國古代以農立國，農業是國之本，所以舉行迎春牛。這是朝廷對立春，對預告來年天氣預測，以致對來年農耕的重視。

古代打春牛的祭禮儀式——春牛體內藏有一頭小牛，代表生機勃勃。

　　1911 年後，迎春牛的習俗已取消，但在每年公佈的《時憲曆》，黃曆《通勝》中還把其內容形象顯示出來；在 1949 年中華人民共和國成立之後，《時憲曆》還是由政府印行，但是在西方思潮影響下，那些被視為封建迷信的占星、春牛、地母經等非科學的內容已被刪除。筆者藏有一本民國 20 年（公元 1931 年）的《時憲曆》，可見其中春牛部分的形式。

　　現今保存了古式通勝曆法的地方只有香港及西藏尼泊爾，而在台灣的閩系通書中，大都沒有春牛圖之遺存。

二、迎太歲 打春之禮

全國各地的州、府、縣中，在每年「立春」節氣之前，都會舉辦一個名叫「迎太歲，打春」的慶典。

在立春日之前，州、府、縣都會製成所謂春牛及太歲，並分別放在台上，放在城外的東郊。這春牛是由竹架紙紮造成，它的身體各部位，都會用不同顏色來表現。

春牛的身體大概可分為六個部位：

1. 頭；2. 身軀；

3. 肚腹；4. 牛耳及尾；

5. 腿脛；6. 蹄。

在這隻春牛的體內，更放有一隻也是用紙紮的小牛。至於所謂「太歲」，一般是用泥塑而成的一個牧人的形象。這個牧人又稱為「芒神」，他是根據不同年份，分為童子、青壯、老人這三個形象。

《通勝》內的開頭和結尾都有一幅春牛圖，圖為辛丑年的春牛圖。

第一章 天氣預測古為今用

三、迎春之日

在立春之前一日，該地的官員更衣乘轎，下屬吏役各持由絹所製的春花，打着大傘出迎到東郊外。春牛及太歲分別抬在台上，在郊外巡遊「行春」。至於迎春的隊伍，各地都有所不同。

清代潘榮陛著的《帝京歲時紀勝》記載，在「立春前一日，順天府官員至東直門外一里春場迎春。」、「隸役舁芒神土牛，導以鼓樂，至府署前，陳於綵棚。」

清代李斗《揚州畫舫錄》卷九中描述「立春前一日，太守（地方官）迎春於城東蕃厘觀，令官妓扮社火：春夢婆一、春姐二、春吏三、皂隸二、春官一，次日打春宮，給身錢二十七文，另賞春官通書十本。是役觀前里正司之。」

由於封建社會一般大家閨女，不會拋頭露面去巡遊，李斗所述，除了春牛、太歲外，找官妓扮各種春婆、春宮等一起巡遊，然後打賞錢及皇家印刷的當年通書（又稱《時憲書》）十本作酬勞。春宮等是扮演丑角，在巡遊中並不端莊嚴肅，與戲人取樂逗笑。

《吳郡歲華紀麗》中，迎春隊伍「鳴騶清路，盛設羽儀（儀杖隊）旗幟前導，次列社火，田家樂，次『句芒神』（太歲）次春牛台。」

乾隆時日本《清俗紀聞》中有這迎春的圖像。

　　山東《招遠縣志》則記載隊伍的次序為「旗幟鼓吹前導，次農人，牽耕牛，荷田家器，各行結彩樓，樓額以神，曰某行，市井小兒衣女子衣，人執縣彩小布傘，謂之『毛女』，次樂人，女伎，次耆老，又次執事人役。」所以各地細節雖不盡相同，但都是高高興興地把春牛迎入城中衙門之前，有些是設有彩棚，視乎年份計算，安放在衙門的左方或右方。

四、立春習俗

到了立春之日，在北京，禮部會把一個「春山寶座」呈給皇帝，而順天府則上呈一幅「春牛圖」。在宮外，宛平縣、大興縣縣令設案於午門外正中，把春牛、芒神恭奏給皇帝和皇太后，配合「春山寶座」，由府縣生員（秀才）負責抬進，隊伍中由禮部官前導、尚書侍郎、府尹及丞後隨，由午門中門入至皇帝寢宮乾清宮，皇太后寢宮慈寧宮，由太監接奏。禮畢皆退出紫禁城。

府尹用捧敲打大春牛，並取出腹內小牛，以示春天農民開始耕種及蓄養生蓄生機旺盛之意，更祈望來年全國豐收。

在地方上，在立春日的正時刻，地方官員將春牛及太歲請出，皂役等持竹棒鳴金敲鼓護送至太歲廟或地方太廟中，把春牛安放太歲後方，用棒打大牛把小牛取出，放在太歲前，表示豐年之吉瑞。

在護送春牛的途中，途人特別是市中孩子會擲大豆打牛，如果擲中，相傳可使孩子的疱瘡之病減輕。

衙門迎春神。

第一章　天氣預測古為今用

捧打大牛取小牛。

圖像傳播訊息的智慧

　　這個春牛的節日，除了是一種民間習俗之外，它更有一個重要目的，就是在一年之初春，利用中國術數之占星，藉着在春牛身上的各種顏色和太歲的裝束等，便可透視來年的天氣預測及各地方的耕種條件。

　　直到 1949 年，中國幾億人口中，懂讀書寫字的人不到百分之十，即百分之九十幾都是文盲，其中大部分都是農民，所以如果有了一個占星的結果，用文字寫成通告，對大部分農民來說，想必難以了解，於是古代透過一個立體的形象來告訴農民，明年全年的天氣預測。

　　今天我們大部分人都會讀書寫字，但是對古代老農民都可以了解的春牛圖卻不甚認識，這是一個很大的諷刺？

五、以農立國

現代物流之發展，大家在香港、台灣、東南亞及歐美等地區都可過着豐衣足食的日子，不會出現食物短缺。香港人可以吃到巴西運來的雞翼、西班牙的牛肉、美國的甜橙。但是，在宏觀世界中，食物還是一個高度政治化的問題，日本與美國是關係密切的盟友，但是日本人至今還是大力反對美國入口的大米運到當地。

直至 1911 年以前，中國歷代封建皇朝都是大舉以農立國的，社會階級上「士農工商」，農民是僅次於統治階層的「士」之下，所以雖然古代農民大部分都目不識丁，他們的社會地位卻比商人更高。

為甚麼農業對中國這麼重要呢？為甚麼要舉辦迎春牛這慶典及要記錄在曆法上呢？

第一章　天氣預測古為今用

中國以農立國，百姓重視農耕，靠山吃山，知識分子也以歸農為本分。

六、中國地理限制

中國主要的民族是華夏民族，而華夏民族所居住的地方，正是土壤最肥沃的長江、黃河中下游流域，該地皆以農耕為主。

打開中國及亞洲的地圖，環顧四方，北方為蒙古的大沙漠及俄羅斯的凍土，是「鳥不生蛋」之地，該地以蓄牧為主；西方為西藏喜馬拉雅山脈、天山山脈及橫斷山脈的高山阻隔，不利大量民居；東方及南方分別為東海及南中國海的大洋，常有颱風海嘯之害。

以當前中國版圖來看，地積內屬於平原肥沃的土地不多，只佔國土約百分之三十左右，其餘為五丘陵山地、高山峻嶺、雪山、沙漠，以至凍土之地，不適合耕種，而土地主要集中於東部。

天然地理環境導致華夏民族在古代農耕已能自供自給，形成安土重遷的性格，在豐衣足食的年代，百姓喜歡守候在豐沃的農村中，而少年人讀書出外做官，老而退休後便回鄉解革歸田。這種恭耕士讀的一生，便是幾千年中國人追求的價值觀。

地理孕育安土文化

　　安土重遷形成一些源遠流長的士族，長久居住於某村某地。中國各地現在也有不少村落是全村為單一個姓氏，在同一村落居住了幾百以至千年；香港新界有所謂鄧、文、廖、侯這四大姓氏，他們在香港同一村落定居已有六百至八百多年的歷史。

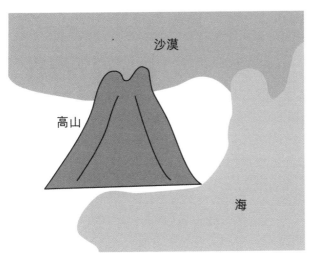

國土之上肥沃的土地不多。

七、吃不飽的問題

在以農立國的社會，大家都是要「睇天」食飯，在風調雨順的年份，四季農作物生長正常，沒有災禍，自然會有豐收，人民生活得以豐衣足食。

在這個一年四季，春、夏、秋、冬的規律中，有一些年份會出現反常現象，今天我們解釋為厄爾尼諾（EL NINO 聖嬰）及拉尼娜（LA NINA 反聖嬰）的現象。這些反常現象，引發洪澇、乾旱、蝗害、地震、海嘯等天災，往往引致一些盜賊、兵災、疾病、改朝換代等人為之禍，這些天災、人禍都會打斷正常的生產及生活。

古人在長期統計中歸納出一個結論，除了天災之外，人禍的出現，都與天上的星辰運行、會合、相沖及變化有一定的關係。

漢代許慎所謂「在天成象，在地成形」，如果天文上出現一些星辰沖合，或者有一些天外來客的隕石、彗星等出現，並配合在中國的星宮中，古人藉着觀星，從統計學中得知在地上、人間會出現澇旱、瘟疫及皇帝歸天、換丞相、內亂、外夷擾亂等不同災異之事。

反常天氣引發災禍

在歷史統計中，漢代敗亡於黃巾之亂；唐代起於黃巢之亂；明末是張獻忠、李自成流寇之亂，但此等民變的根源，正是當時出現了特大澇旱的災害，跨州連省，而朝廷無力救濟，結果出現人食人，「民相食」的現象，最後民變導致皇朝滅亡。

其實，歷史上有不少外族侵略中國，都是因為當地出現反常的天氣，令當地賴以為生的畜牧業或農耕失收而導致人民反抗。

　　以清代康熙一朝為例，康熙統治六十年，被視為中國歷史上一個太平盛世，大部分人豐衣足食，人口膨脹，不少農耕剩餘的人力從事商業、廣商、湖商、徽商、晉商業務通達全國，甚至有晉商生意興旺做到俄羅斯。

　　當時景德鎮瓷器，茶葉遠銷歐洲，賺取南美生產的白銀，但是在這個國富民安的時期，西南不少少數民族不斷作反，這是因為雲南貴州等地為喀斯特地貌，不能蓄水，遇上雨少乾旱之年份，少數民族生計斷絕，被迫作反，搶奪官府的糧倉求生。

民族生計專注農務

　　在今日大家豐衣足食、物質豐裕的社會，吃飽對大家來說可能未有太大的感覺，但如果回想 1963 年香港曾發生天旱缺水，每四天才供水一次。而在中國內地，除了 60 年初所謂「三年失收」的大饑荒之外，直到文革期間，江西每年都輸出大批江西乞丐，流浪到全國各省乞食以維持生

計。直到改革開放，鳳陽小崗村十八位農民私自寫血書「生死狀」，開創家庭聯產承包責任制的先河，才改變 1949 年後生產的情況，中國農業得以改善。

中國用約百分之二十幾的國土出產農作物，要養活十四億人口，而美國則有超過一半面積的農地供養約四億人口，這就說明為甚麼美國可以出口農作物賣給中國。

隨着人口急劇上升，現時單靠本土農業實不足以
養活數十億人口。

八、天氣預測

如果在一年之初，有一套能夠預測明年天氣旱澇，將大大幫助農民預計明年適宜種甚麼農作物，以及預防災害來臨，豐年廣積糧，以應付災荒之年，這是一件影響全國以至皇朝生存的大事。

今天雖然科學昌明，但是目前天文台在預測天氣或其他自然現象的技術有限，只可以預測到未來半個月左右的降雨量。事實上，科學至今未能在年頭便預測到年底的天氣，無法知道今年是天旱或多雨，以至市場上銀根流充裕或緊拙、物價是高或低這些資料。

中國古人利用天文占星及統計學的方法，發現了一套天氣預測的規律，古人稱為「春牛圖及地母經」，雖然這套預測並不科學，但卻優越於今天的科學。

舉一個例子，在 2019 年出版的廣式《通勝》中，地母經預言 2020 年為：**「人民多暴卒，春夏水淹流，秋冬多饑渴……秦淮足流蕩，吳楚多劫奪。」**

庚子年春牛圖

聚寶樓庚子年大字通書

鼠耗出頭毀糧倉　春夏洪澇秋冬荒
當記高田半成米　須防晚稻全是糠

葉賤春娘用心切　蠶肥無絲惹悲傷
秦淮吳楚多流寇　深固廣積少暴卒

春牛圖　第一頁

地母經　地母曰

地母曰：

人民多暴卒　春夏水淹田　秋冬多饑渴　高稻猶得半　吳楚多劫奪　桑葉須后賤　蠶娘不情愿　鼠耗出頭偏　更看三冬裏　高低多頗偏　山頭起墓田

春社	秋社	地母日
二月廿三日	八月初六日	十一月初八日

初伏	中伏	末伏
五月初十日	五月廿日	六月初六日

分龍		
五月初八日		

注冊商標　版權所有　翻印必究
廣東省江門土產進出口有限公司出品

庚子年春牛圖

2020 年春天新型冠狀病毒肺炎爆發，這解釋了「人民多暴卒」，而春夏之間，長江、黃河、渭、淮河等都出現大洪水，江南一帶出現暴雨，應驗了「秦淮足流蕩，吳楚多劫奪。」

在沒有時鐘的年代，農民要知道甚麼時候要插種春耕、甚麼時候梅雨大雨季節將會來臨、哪個時候要收割及天氣會轉寒等等，應該從甚麼途徑得知呢？

夜間天上的星辰正好提供了一個循環不息的時間表，因為地球一年四季公轉，天上的星辰會依照春、夏、秋、冬而有不同；根據不同星辰的位置，古代中國人早已訂立了一套以北斗為中心，在天球東、南、西、北，每個方位訂立七組星宿，形成所謂二十八宿的天球系統。

《史記》記載：
「日中星鳥，以殷中春； 日永星火，以正中夏；
夜中星虛，以正中秋； 日短星昴，以正中冬。」
這就是每年某季節日落黃昏之時，面向南方所見的星宿。

春天為南方七宿的七星宿，因南方為朱雀，所以為星鳥；夏天為青龍七宿中的大火星；秋天為玄武七宿的虛宿；冬天則為白虎七宿中的昴星團。

除了中國之外，古代各地不同的文化都有看星觀測的現象，諸如古代英國的石陣（Stonehedge）、中南美洲的印加，以及瑪雅文化都有類近的遺址，只是因為缺乏文字，後人對他們的觀星、占星詳情不太了解。

神秘巨石陣究竟是怎樣建成的？

九、中國曆法的日與月

今天我們都是通用由歐美發展出來的公曆（西曆）作為記事、推算時間的基礎。西曆是由古代羅馬帝國儒略・凱撒大帝 (Gaius Julius Caesar) 時代訂立的曆法而發展出來，故傳統稱為「儒略曆」(Julian Calendar)。

到了十六世紀，教宗格哥利十三世以儒略曆為基礎，修改成一套新曆法，原因是儒略曆中一年只有 365 日，而在多個世紀後某些日子，例如基督教的復活節，已漸漸與原來近於廿四節氣中「春分」的日子越來越遠，但這套國際通用的曆法並不科學，例如 2 月只有 28 日，7 月及 8 月則有 31 日等等。

與此相反，中國人採用傳統的曆法，是根據天文學上太陽公轉為一年；每個月，月亮從農曆初一月缺，至農曆初十五月圓，再到月缺為一個月，並以此來訂立一套非常科學的方法。在中國曆法中，用太陽計算一年為 365.25 日有餘，但計算每一個月則用月亮繞地球 29.85 日來分配，所以大月是 30 日，小月是 29 日，大約分配成 12 個月有餘。

傳統上大多把一年分為平均廿四節氣來計算，每節氣約 15 日。立春正是廿四節氣之一。廿四節氣中，把地球繞太陽的日子分為四段，分別為立春、立夏、立秋、立冬，稱為「四立」，以標示天氣由此日之後開始轉入該季節。

天文學家觀察到一年的時間是 365.25 日。

立春與流年運程

　　立春是廿四節氣中第一個節氣，是標誌着春季以及新一年的開始，所以在術數上有不少家派堪輿風水，以至子平八字，都以此為一年之始，但是有部分術數之計算則以月亮為基礎，例如「紫微斗數」便以農曆初一為過年計算。

　　一年被劃分為 12 個月，大小月交替，6 大 6 小月來分配，一年只有 354 日，即 (30+29) x 6 = 354 日。

　　每年相差約 11 日，為了平均日與月之差，古人計算而訂立在 19 年中加上 7 個閏月，使年與月之總數脗合，因曆法是以正月初一為過年，這日子是月亮與太陽在同一個方向，月亮無光，但開始轉到農曆初十五月圓之時。

　　它與立春日不能每年都在同一日，所以有以下三種情況的出現：

　　1. 立春日有時會在前一年的 12 月份出現；

　　2. 有時會與正月初一同日；

　　3. 及立春會在過了正月初一才遇上。

　　當某一年，由正月初一至 12 月 31 日之間，整年都沒有遇上立春日，該年會被稱為「盲年」，一般相信盲年不利婚嫁之事。由於此變動，有些年份有閏月，而在該年正月有立春，在年底 12 月又遇上立春，此年便稱為「雙春兼閏月」，被視為大吉利之年。

　　此外，因為立春與農曆初一有差別，古代術數家在這些差異中，統計出一套與當年天氣變化的規律，因此演變成今天用春牛來預測未來一年天氣的方法，以幫助一般目不識丁的農民，預備明年農耕該種甚麼穀物、哪些地區要防大雨洪水、哪些地方要防乾旱等等。

　　這套方法逐漸在地方上由官方舉辦，原意是向農民推廣這知識，但及後卻演變成一個迎春牛的習俗，現在不少人已不了解春牛圖背後的真正目的。

「年年有餘」是吉祥語，寓意有剩餘錢財。

第一章 天氣預測古為今用

十、二月二 龍抬頭

　　春牛是一個藉着假牛以示迎春的日子，但是在中國北方立春之時，雖然天氣已經開始回暖，但是有不少地方還是冰雪滿天。

　　事實上，古代農民開始在冬天雪水融化的「硬」農地上，翻開泥土耕種是在農曆二月初二，這大概是廿四節氣中第三個節氣——「驚蟄」。

　　驚蟄，古稱「啟蟄」，此時天氣回暖，春雷始鳴，所以曆法有「雷始生」現象；過了這一天之後，蛇蟲鼠蟻便從泥土中出現。「蟄」是指這些蟲蟻，古人認為是隆隆的春雷聲把這些藏伏在泥土中冬眠的蛇蟲鼠蟻驚醒，所以稱為「驚蟄」。

在天文星宿上，廿八宿中青龍七宿之首是「角宿」，為兩顆星組成，代表青龍身上的角，大概二月初二時的黃昏，這兩顆星開始在東方水平線上出現，而往後日子整個青龍七宿便會現身，所以古人稱「二月二，龍抬頭」就是青龍開始抬頭，亦代表春耕要正式開始了。

皇帝春耕不只是一項禮制，更涵蓋彰顯統治者仁德的儀式。

古人稱「二月二，龍抬頭」就是青龍開始抬起頭來。

皇帝親耕彰顯仁德

皇帝會在這天親自到皇城南郊的「皇田」上親耕，親身去體驗農民和皇田的泥土翻開，以示春耕開始，這儀式稱為「恭耕」。

實際上，除了清代雍正是真正在其「一畝三分地」面積的皇田開耕、鬆土之外，不少皇帝只是隨意做一做便了事，更有委派太子、王子或大臣代為舉辦這春耕儀式。

第一章 天氣預測古為今用

十一、恭耕之遺存

　　自推翻清朝後，春耕這儀式便被廢棄，真可謂「禮失求諸野」；今天在中國西南、中南半島中的一些國家，包括泰國、柬埔寨，名義上還是行君主立國，所以它們還保存着這種春耕的儀式。

　　在泰國，這日子稱為「春耕節」，由於該地是熱帶氣候，所以泰國人選擇的日子是佛曆六月，約為公曆五月，農曆四月即夏至前後。

對上天的致敬儀式

　　春耕節是在曼谷大王宮外王家田廣場舉行，由國王委任的春耕大臣主持。在大批儀仗隊帶領一頭白牛，因為白色的牛被視為印度神濕婆之化身，由春耕大臣驅使牛隻耕田後，又把五盤不同的穀物，包括稻米、玉米、豆子、芝麻、青草及酒和水，撒播在土地上，然後把白牛放開，讓牛自由選擇去吃散佈在地上的食物。據說哪種食物被牛所吃，該食物於該年便會大豐收或水源草茂盛。

春耕是對上天的一種敬畏。

由國王委任的春耕大臣來主持春耕。

泰國春耕節古圖。

第二章

中國曆法理據通識

一、干支系統天象觀

中國人除了在天文上訂立了四季之外，也利用了一套由天干地支兩組符號所組成的六十甲子系統，用以記錄年、月、日、時，古人稱為「紀年」。

這套干支系統也包含了不少天文星宿規律的記載，**要了解春牛所藏的密碼，大家首先要了解簡單的中國古代干支系統，所代表的五行、納甲等之兆象，這是術數基礎符號，**等於學英文要懂 A、B、C 等字母一樣。

為甚麼中國人不簡單用一至十，或一至十二等倍數來紀年，而要用一個比較複雜的六十甲子系統呢？

古代文獻中沒有太多引述，主要是解釋天干地支各符號的意義及性質。

其實這套天干地支系統，是與日月星辰之天象對地球的影響有關，也是古代一些非常聰明，智商極高的人所研究的結果，中國古代稱這些人為「聖人」。

中式日曆標上農曆日子，以便查看當日的吉宜之事。

二、六十甲子紀年

　　古代中國人記錄時間的變遷，除了使用當時皇帝的年號之外，使用「六十甲子紀年」成為了歷朝歷代的統一標準。

　　六十甲子是由「天干」、「地支」兩組符號組成，天干在上，地支在下。

　　「天干」順次序為：甲、乙、丙、丁、戊、己、庚、辛、壬、癸這十個天干。

　　「地支」順序為：子、丑、寅、卯、辰、巳、午、未、申、酉、戌、亥這十二個地支。

　　天干地支排序：甲配子，順序乙丑、丙寅、丁卯、戊辰、己巳、庚午、辛未、壬申、癸酉而天干排完；而後甲又再排戌、乙配亥；而丙配子、丁配丑，如此類推。

　　十天干排六次為六十，與地支排五次也為六十相吻合，故此天干地支由甲子排至第六十位癸亥後，便再開始下一個甲子。（詳細見右圖）

六十甲子順序表

順序	干支	順序	干支	順序	干支	順序	干支
1	甲子	16	己卯	31	甲午	46	己酉
2	乙丑	17	庚辰	32	乙未	47	庚戌
3	丙寅	18	辛巳	33	丙申	48	辛亥
4	丁卯	19	壬午	34	丁酉	49	壬子
5	戊辰	20	癸未	35	戊戌	50	癸丑
6	己巳	21	甲申	36	己亥	51	甲寅
7	庚午	22	乙酉	37	庚子	52	乙卯
8	辛未	23	丙戌	38	辛丑	53	丙辰
9	壬申	24	丁亥	39	壬寅	54	丁巳
10	癸酉	25	戊子	40	癸卯	55	戊午
11	甲戌	26	己丑	41	甲辰	56	己未
12	乙亥	27	庚寅	42	乙巳	57	庚申
13	丙子	28	辛卯	43	丙午	58	辛酉
14	丁丑	29	壬辰	44	丁未	59	壬戌
15	戊寅	30	癸巳	45	戊申	60	癸亥

第二章 中國曆法理據通識

宏觀紀曆方法

中國人除了用六十甲子紀錄年歲之外，也用甲子紀錄月、日及時。一年十二個月，所以五年剛好排滿六十個月，用甲子排一年 365 日有餘比較複雜，但有一定規律，而一日有十二時辰，五日也剛好滿一個甲子。

除了這甲子紀年外，術數家有多個更宏觀的紀年方法，例如北宋邵雍的《皇極經世》，《太乙數》中所用之太乙年卦、大游、小游卦及三元九運曆等。但這些宏觀曆法都是以六十甲子紀年為基礎作計算。

現時國際天文學會訂立了八大行星環繞太陽，第九冥王星被國際天文學會人為地排擠於行星之外，成為一顆矮

日、月、金、木、水、火、土這七顆是現時觀星所見的。

行星，但在沒有觀測儀器的年份，人們用肉眼可見，主要是日、月、金、木、水、火、土這七顆，古人稱為「七政」；海王星、天王星是近二百多年和冥王星才被發現，而其中土星及木星因為離太陽系較遠，被稱為「外行星」，從地球觀測其圍繞地球一圈的速度也較慢。

木星和太歲

木星環繞地球一圈為 11.85 年。古人約數為十二年，這是十二地支的起源，古人稱木星為「歲星」，而每年一個的地支則被稱為「太歲」，歲星是一顆實際的行星，太歲在東南西北周天 360 度中是代表某年的某個方位，十二地支即十二個太歲，所以一個地支十五度。它是一個術數上所謂的「虛星」，而太歲的方位與歲星是有關係的。

六合

術數上有所謂「六合」之說，十二地支中子與丑合、寅與亥合、卯與戌、辰與酉合、己與申合、午與未合，這理論來源於歲星與太歲的位置的關係，太歲在天球上，以子、丑、寅、卯等方位移動，歲星則以卯、寅、丑、子、亥等相對逆行。

舉例來說，子年，太歲位於天球的北方，子之位置，但在子年，木星歲星則在丑位。

2021 為丑年，太歲在北偏東的丑方，而太歲則移至子位；2022 年太歲在寅宮，歲星則在亥宮，如此類推。

太歲十二宮就是配以十二種動物生肖，而這十二生肖的來源天星廿八宿，原本廿八宿中每宿都有一種動物所配，其中有一些是神話中虛構的動物。在廿八宿中，古人選取了十二類動物，作為十二生肖。古人以十二年一個循環後便有改變，而十二生肖正是由太歲、木星、歲星之運行而定。

十二地支圖

十二生肖排序術數解

為甚麼選擇這十二種動物呢？

有另一套術數的解釋。

十二地支中，子、寅、辰、午、申、戌為陽；丑、卯、己、未、酉、亥為陰；十二地支是以陽、陰、陽、陰等一路排列。陽之數為單數，陰則為雙數。

十二種動物中，以其手腳趾的數目來定陰陽。例如牛丑之趾有二、兔卯之趾有四、蛇無趾也算陰雙數、未羊趾為二為陰、酉雞之趾為四陰、豬之趾為二陰。至於虎之趾為五屬陽、龍之爪相傳也為五（五爪金龍）為陽、馬之蹄為一單陽、猴之手指和腳趾都是五數、狗之趾也是五。

相傳老鼠使蠱惑把老虎嚇走，奪取了十二生肖的首位，但這只是民間傳說，生物學上鼠科動物的手有四指，腳卻有五趾，所以術數上視為一陰一陽，所以牠排第一位，因為牠既是十二生肖之完結亦是開始，古人稱為「腳踏陰陽」。

術數上選取這十二種動物與其天然屬性，與該年出生的人有相似之處。例如鼠年生人是晚上出生，也是老鼠最活躍找尋食物之時，所以此人性格非常活躍，積極進取。至於晚上出生的丑年牛，是天然睡覺之時，所以並不活躍。

古人稱，鼠為「腳踏陰陽」。

第二章 中國曆法理據通識

秋天是蛇吃飽預備冬眠之季節，所以牠的身體比較容易肥胖。至於龍為傳說中之神獸女命龍一般，相貌比較突出美麗。男命屬龍，如果入命，命吉都會有怪相，而一生前後半生際遇不同，馬雲及朱元璋皆為此生肖。

九龍壁之龍相

朱元璋

馬雲

第二章 中國曆法理據通識

四神	廿八星宿	名獸、五行	十二生肖	
東方青龍七宿	角	木 蛟		
	亢	金 龍	龍	辰
	氐	土 貉		
	房	日 兔	兔	卯
	心	月 狐		
	尾	火 虎	虎	寅
	箕	水 豹		
北方玄武七宿	斗	木 獬		
	牛	金 牛	牛	丑
	婺女	土 蝠		
	虛	日 鼠	鼠	子
	危	月 燕		
	室	火 豬	豬（豕）	亥
	壁	水 貐		
西方白虎七宿	奎	木 狼		
	婁	金 狗	狗（犬）	戌
	胃	土 雉		
	昴	日 雞	雞	酉
	畢	月 烏		
	觜	火 猴	猴	申
	參	水 猿		
南方朱雀七宿	井	木 犴		
	輿鬼	金 羊	羊	未
	柳	土 獐		
	七星	日 馬	馬	午
	張	月 鹿		
	翼	火 蛇	蛇	巳
	軫	水 蚓		

三、土星軌跡

土星是五大行星中（天皇星、海皇星和冥皇星除外）離太陽系最遠的行星，繞太陽系一圈約 29.65 年，古人稱之為三十年。

《說文解字》有言：「世，三十年為一世。」古人以三十年為「一世」，是有世代更替的意義。古代約數一代三十歲會有兒子、六十歲會有孫、九十歲會有曾孫，人世間是約三十年為一代人。

土木相會、相沖與六十甲子

由於土星、木星繞太陽的時間較長，體積又較大，在中國占星術上，被視為影響地球最大、最重要的行星，而由於其軌道，當土星與木星在天星某方位相會的時候，對世界的影響就會更大。

正如《天學洞機：論世界大權》中指出：「天下之變，有一國，有一城變有大小，其小者皆在二分（春分、秋分），二至（夏至、冬至），大變不同為洪水地震瘟疫大兵。」而星辰相會中以「土木相會」為最重要。

　　土星繞日約三十年，木星繞日約十二年，當土木相合於「時鐘」0度時，十年後，土星會在地球8時，木星則在地球2時位置與地球成一直線，古人稱為「相沖」。

　　二十年後，土木又會在4時位置相會合，再十年又再次相沖，如此類推。二十年後在4時位置相會；六十年後就回到0時位置左右，形成一個六十年的循環。

　　「六十甲子」的起源於此，其中有三個相會，三次相沖。所以在六十甲子中，每十年便有一次變動。古人稱十數為一「旬」，也是「十天干」的基礎，至於「十二地支」則是以歲星太歲的軌跡而形成。

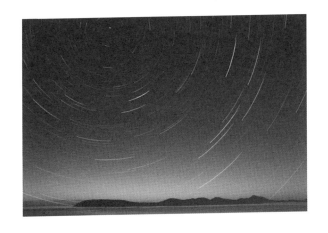

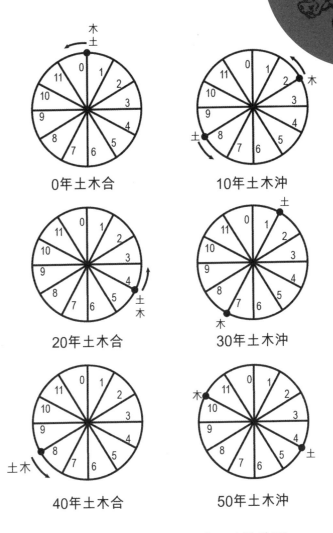

0年土木合

10年土木沖

20年土木合

30年土木沖

40年土木合

50年土木沖

中心為地球，60 年回到 0 時鐘位置。

四、甚麼是五行

中國哲學的基礎與現今科學不同，它是把天地萬物宇宙歸納為不同的組 (Set)，這與數學上的集合論 (Set Theory) 相類似，因此五行就是把宇宙分為五組，而八卦則把它分為八組；所以就算是一些未被發現或發明的東西，在適當驗證之下也可以歸納於五行之中。在這哲學概念中，在同一組的物件、人物、顏色是有一定關聯的。

這與古代西洋占星相同，西洋占星把世界分為地、水、火、風四類，與中國之五行並無衝突，只是因為歸納方法有不同所致。

但術數中的五行與現代的集合論不同，五行是經過長期的統計及徵驗歸納的結果，才把某些人與物歸類為同一集中，他或它們之間有着一定的關係、兆象的影響。

例如，乾卦為西北，也為家中老人、老父，所以如果一間屋的西北角有一棵枯樹，代表西北的乾卦有損傷，所以住在屋內最年長的男人必有病禍。

天干地支 五行

　　五行方位的基礎是東方木、西方金、南方火、北方水、中央土。

五行顏色

　　五行中以木為青色、金為白色、火為紅色、水為黑色、土為黃色。

十干五行 陰陽

　　十天干中配入方位顏色（見下圖）甲乙屬木、丙丁屬火、戊已屬土、庚辛屬金、壬癸屬水，而甲、丙、戊、庚、壬屬陽；乙、丁、己、辛、癸屬陰。

```
                        南紅赤火
                          丙丁



東                      中         西
青      甲              央    戊    白    庚
藍      乙              土    巳    金    辛
木                      黃



                        壬癸
                        北黑水
```

十二地支

十二地支中，亥、子屬水為黑色；寅、卯屬木為青色；巳、午屬火為紅色；申酉屬金為白色，而辰、戌、丑、未均屬土為黃色，歸於四方。（見下圖）

孟、仲、季

在十二地支年中又可以分為三組，其中寅、申、巳、亥年為一組，稱為「孟」年，代表年長的男人；子、午、卯、酉年為第二組，稱為「仲」年，代表排第二的壯年男；而辰、戌、丑、未年為第三組，稱為「季」年，代表較年幼的小兒。

巳火紅	午火紅	未土黃	申金白
辰土黃			酉金白
卯木青			戌土黃
寅木青	丑土黃	子水黑	亥水黑

五、納音五行

古人除了天干地支各自有五行之外，六十甲子中的天干和地支組合，有另一套名為「納音」的五行規律，這套納音五行，至今未有一套合理的天文地理的詮釋，大家只可以估妄聽之。

六十甲子納音五行分為三十組，以六十甲子首六年，甲子、乙丑、丙寅、丁卯、戊辰、己巳為例，甲子與乙丑各為一對屬金；丙寅與丁卯為一對屬火；戊辰與己巳為一對屬木，六十甲子納音例表如右表：

六十甲子納音表

年號	年命	年號	年命	年號	年命	年號	年命
甲子	海中金	庚辰	白蠟金	丙申	山下火	壬子	桑柘木
乙丑	海中金	辛巳	白蠟金	丁酉	山下火	癸丑	桑柘木
丙寅	爐中火	壬午	楊柳木	戊戌	平地木	甲寅	大溪水
丁卯	爐中火	癸未	楊柳木	己亥	平地木	乙卯	大溪水
戊辰	大林木	甲申	泉中水	庚子	壁上土	丙辰	沙中土
己巳	大林木	乙酉	泉中水	辛丑	壁上土	丁巳	沙中土
庚午	路旁土	丙戌	屋上土	壬寅	金箔金	戊午	天上火
辛未	路旁土	丁亥	屋上土	癸卯	金箔金	己未	天上火
壬申	劍峰金	戊子	霹靂火	甲辰	覆燈火	庚申	石榴木
癸酉	劍峰金	己丑	霹靂火	乙巳	覆燈火	辛酉	石榴木
甲戌	山頭火	庚寅	松柏林	丙午	天河水	壬戌	大海水
乙亥	山頭火	辛卯	松柏林	丁未	天河水	癸亥	大海水
丙子	澗下水	壬辰	長流水	戊申	大驛土		
丁丑	澗下水	癸巳	長流水	己酉	大驛土		
戊寅	城牆土	甲午	沙中金	庚戌	釵釧金		
己卯	城牆土	乙未	沙中金	辛亥	釵釧金		

第二章 中國曆法理據通識

六十甲子納音似乎很複雜，但本派師傳有一個簡易六十納音訣：

「甲乙錦江煙；丙丁沒谷田；
戊己營堤柳；庚辛掛杖錢；
壬癸林鐘滿；花甲六十全。」

以天干是甲或乙的年份，如果地支是子丑或午未，則取第一個「錦」字，錦字為金字旁，故五行納音屬金，所以甲子、乙丑、甲午、乙未都屬金。

如果地支是寅、卯、或申、酉，則取第二個「江」字，江字偏旁為水，故甲寅、乙卯、甲申、乙酉都屬水。

如果地支是辰、巳或戌、亥，用第三個字「煙」偏旁為火，所以甲辰、乙巳、甲戌、乙亥納音屬火。其餘亦類推，又舉「庚辛掛杖錢」為例：

以此計算，從「庚辛掛杖錢」圖中可見，2021 年辛丑年的納音為「土」，如此類推。

錢 辛巳（金）	掛 庚午（土）	掛 辛未（土）	杖 庚申（木）
錢 庚辰（金）			杖 辛酉（木）
杖 辛卯（木）			鎖 庚戌（金）
杖 庚寅（木）	掛 辛丑（土）	掛 庚子（土）	鎖 辛亥（金）

庚辛掛杖錢

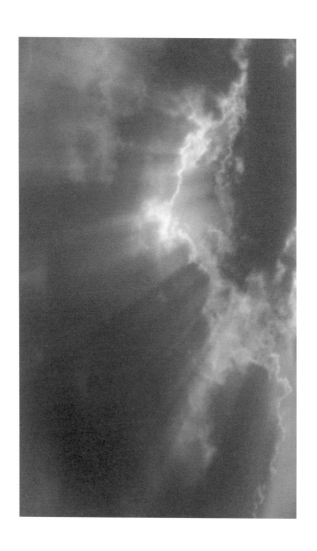

春牛身體顏色密碼

由於五行配有顏色，所以天干、地支及納音五行，都可以配以顏色，這就是春牛身體各部分顏色的密碼，其顏色分配如下列表示：

五行顏色	天干	地支
水 黑	壬 癸	亥 子
木 綠藍	甲 乙	寅 辛
火 紅	丙 丁	巳 午
土 黃	戊 己	丑 未 辰 戌
金 白	庚 辛	申 酉

六、時憲書與通勝

在中國封建皇朝，某人之可以當皇帝，古人認為是「受命於天」，所以皇帝又稱為天子。而曆法是天文、時間的自然道理，也是農民的主要依據作為耕種、收成的準則。如果曆法有誤，可以導致農業失收，引起民變及影響國家興亡。

編纂曆法對以農立國的中國而言是頭等大事，歷代皇帝都非常注重曆法的準確性，一是彰顯其受命於天，二是保證國民可以「有飯開」，得保國泰民安。因此，曆法是由皇家天文官欽天監統一計算確定，由皇家印刷傳給各地方政府統一執行，這本現在稱為「黃曆」，南方稱為《通書》的曆法，古代稱為《時憲曆》。

由於「南人事鬼」，南方人在文化上比較重視及保存了不少古代北方的文化，而「通書」一詞，諧音為「通輸」，為不吉利之詞，也不利好創新、好冒險及好賭博的廣東人性格。所以廣府人把「通書」一詞改為「通勝」。

喜慶吉祥乃《通勝》的封面特色。

民國《時憲曆》

《時憲曆》雖然是朝廷統一推行，但是中國幅員廣闊，古代交通和通訊不便，導致在不同地方也有各地的民間《通勝》發展出來。這些《時憲書》及《通勝》內容除了標示來年曆法日子、干支之外，也包括各種辰煞星宿及其吉凶，方便民間查閱。

古老傳承的曆法

此外，廣東蔡氏廣經堂的《通勝》中，首頁便刊出春牛圖及「地母經」，地母卦文，作為補充「春牛迎春」的一種文字記載。

《通勝》中除了保留春牛與芒神的形象之外，書中根據正月初一立春等日子，衍生出一套叫「地母經」的預測系統，成為曆書中春牛的一部分。 而這套系統主要是以立春日正月初一等日子的干支、納音等作為基礎來推斷。

筆者所藏的一本民國 20 年 (公元 1931 年) 的一本《時憲曆》通勝中的「春牛圖」，它的結構與真步堂印發的春牛圖在結構上是基本相同的。

這是內地最後出版的春牛圖。1964 年文革開始已無此曆,而曆書春牛已不依古法,也無多少牛耕地,多少日得辛等占卜語。

此曆為河北人所藏,曆中人物已變成穿西裝及民初士兵(右圖)。
1937 年初,一牛耕地;1937 年中,七七蘆溝橋事發,抗日戰爭起,
自然河北大亂,農物失收,經濟不好,應驗了一牛耕地。

七、西藏曆 牛與龍

　　相傳唐朝文成公主嫁給西藏松贊干布贊普，她或她的隨從中，有懂風水、天文、術數之人，這些術數也因而傳入西藏，同時嫁到西藏的尼泊爾赤尊公主，也帶來了印度的天文占星學，形成了西藏曆法的兩大系統。

　　在今天西藏大寺廟中，都有「時輪學院」，天文曆法是「小五明」(註1) 之一，其中分為「白學」與「黑學」，白學是指七政四餘等天文占星之學說；黑學則指風水占卜等術數，而西藏的曆書正是集兩者合成。這套藏曆書，不但流傳於西藏、青海、西康藏區，在受藏文化影響的尼泊爾、不丹也有流傳。

註釋 (1)
傳統「五明學」分大、小五明，「大五明」是工巧明、醫方明、聲明、因明、內明；「小五明」是修辭學、辭藻學、韻律學、戲劇學、星系學。

第二章　中國曆法理據通識

禮失求諸野

現時，除了香港，仍保存着「春牛圖」及地母算法的地區，還有西藏及尼泊爾的藏曆。由於政策有意保護少數民族文化，加上它是用藏文書寫，所以在內地多年來還未受到太大影響。

西藏曆保存了不少占星的元素，藏曆是把它寫成一編歌謠，以便農民歌詠傳頌。

西藏曆中的春牛圖

尼泊爾藏曆封面

尼泊爾藏曆內龍與芒神春牛

第三章

春牛密碼全圖拆解

一、一幅春牛藏天機

講了一大堆五行，天干地支及納音的理論，讓我們來解讀這隻五顏六色的春牛，及站在其身旁的芒神是怎樣可以預測天氣，幫助古代目不識丁的農民來預算如何耕種。

土牛經

坊間除了一般常見的《通勝》外，還有一本只有幾頁紙的《土牛經》，這是一本簡單解釋春牛身上各種顏色來歷的書，但有關春牛對天氣預告及農耕的作用，則未有著墨。

春牛圖下之注釋文字，有一句是形容春牛的大小呎吋。

「春牛身高四尺，長八尺，尾長一尺二寸。」

這是一個標準的說法，四尺代表春、夏、秋、冬這四季；八尺代表八卦八方，包括東、南、西、北這四個正方位；東南、東北、西南、西北四偶方位。

第三章　春牛密碼全圖拆解

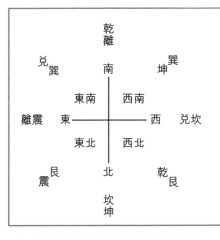

```
            乾
            離
                    巽
        兑          坤
        巽     南
            東南  西南
  離                        兑
  震   東 ——————————— 西   坎
            東北  西北
                    乾
        震     北    艮
            坎
            坤
```

內圈　後天八卦
外圈　先天八卦

地母經

疾病稍紛紛，吳越桑麻好。
荊楚米麥臻，春夏均甘雨。
秋冬得十分，桑葉樹頭秀。
蠶娘自喜忻，六畜漸瘟瘦。
人民半可憐，巡息。

地母曰

辛丑牛為首，高低甚可憐。
人民留一半，快活好桑田。

（春牛芒神，右起直行，自右至左）

歲名湯信，天干屬金，地支屬土，納音。
音屬火，值室宿，歲德在辛日。
值室宿，暗管歲伏，遇姑日得。
蠶食龍葉，鄧爲帥，行雷春牛把高。
身高四尺，長八尺，尾長一尺二寸。
身黃，腹黃，角耳尾黑，脛紅，蹄青，尾白。
右繳口合，籠頭索用黃色繩構。
子桑柘木，踏板縣門右扇，芒神身。
高三尺六寸五分，童子像，黑衣黃。
腰帶平，梳兩髻在耳后，耳全戴。
揭起右邊，行纏鞋袴俱全，右行纏。
懸于腰，鞭杖柳枝長二尺四寸五。
色芒結，芒神早忙，立于牛前右邊。

《土牛經》第一段是「釋春牛顏色第一」。

以2021辛丑年為例，春牛圖中標示，**「頭白，身黃，腹黃，角耳尾黑，脛紅，蹄青。」**

1. 以歲干色為頭

辛丑年歲的天干是辛，辛五行屬金，金的顏色為白（見第二章「甚麼是五行」）所以牛是「頭白」。

2. 支為身色

辛丑年歲的地支（又稱歲支）是丑，五行中丑屬土，土色為黃，所以牛是「身黃」。

3. 納音為腹

辛丑年之納音訣為「庚辛掛杖錢」中之「掛」字，「掛」字有「土」，故納音屬土，土色為黃，故春牛是「腹為黃色」。

4. 立春日干色為角耳尾

一般情況下，立春之日因為依照陽曆，所以都是在西曆 2 月 4 日前後兩天左右；查 2020 年庚子和 2021 年辛丑之《通勝》，2020 年庚子年，西曆 2021 年 2 月 3 日，即農曆十二月二十二日壬午日為立春之日，而辛丑年正月初一是西曆 2021 年 2 月 12 日。立春日之天干是「壬」水，水色為黑，地支是「午」屬火。以干色為角耳尾，所以春牛角耳尾為黑色。

5. 立春日支色為脛蹄

立春日地支是「午」屬火，火色為紅，所以春牛之脛為紅色。

6. 立春日之納音五行為蹄

立春日「壬午」，用納音訣計算「壬癸林鐘滿」，午為第一字「林」屬木，木的顏色為青，所以牛蹄為青色。

2021 辛丑年春牛圖除了春牛顏色，還有以下內容：

1. 尾右繳；2. 口合籠；3. 頭索用黃色苧繩；4 构子用桑柘木，踏板縣門右扇。

1. 尾右繳

天干甲、丙、戊、庚、壬為陽的年份，乙、丁、己、辛、癸為陰。辛丑年為陰年，所以牛之尾右繳，如 2022 年壬寅年，壬為陽，為陽年則尾向左繳。

2. 口合籠

同樣道理陽年牛的口張開，陰年牛則閉口。辛丑陰年故口合籠。

3. 頭索用黃色苧繩

十二生肖十二年，可分為四組，寅、申、巳、亥為「孟」年，代表年長男；子、午、卯、酉為「仲」年，代表壯年男；辰、戌、丑、未為「季」年，代表小男。

凡孟年是用黑色繩作頭索；仲年用白色繩；季年則用黃色繩；辛丑之丑為季年，故用黃色苧繩。2020 庚子年子為仲年，所以當年的春牛是「頭索用黑色絲繩」。

4. 构子用桑柘木，踏板縣門右扇

　　當春牛放在縣衙門前，它會依陽年或陰年而分別放在縣衙門的左或右扇。辛丑年是陰年，所以放在縣門右扇。下一年壬寅是陽年，春牛便會放在縣門左扇，如此類推。

芒神

高 3 尺 6 寸 5 分，
象徵 1 年 365 日。

春牛

高 4 尺代表四季，
尾長 1 尺 2 寸，
代表 12 個月。

二、芒神形象

　　春牛圖旁為一牧童站立，又稱為「芒神」，或「策牛人」，春牛圖注釋芒神身高為三尺六寸五分。三尺六寸五分代表一年 365 日，所以芒神又稱「太歲」。

芒神如老、壯、少年人像

　　根據不同年份，芒神的形象也有分別，在寅、申、己、亥為孟年，因為代表年長的男人，所以芒神為老人相貌；在子、午、卯、酉為仲年，芒神為少壯像；在辰、戌、丑、未為季年，芒神代表少男，便會如「童子像」，2021 辛丑年的芒神正是如此。

　　芒神的裝束也有一套密碼，辛丑年之芒神形象：

1. 黑衣黃腰帶；
2. 平梳兩髻，在耳後掩耳；
3. 全戴行纏鞋褲俱全，右行纏懸於腰；
4. 鞭仗用柳枝，長二尺四寸，五色苧結。

芒神為老人相貌。

壯年形象的芒神。

童子像芒神平梳兩髻，
腳上沒穿鞋子。

芒神形象畫法不同

　　翻看《通勝》時，可會發現內頁「春牛圖」的繪畫風格並非完全一致，那是正常的，因為不同出版社都有各自的畫師，畫風自然各異，但《通勝》中所刊載的春牛內容卻是一樣的。

第三章　春牛密碼全圖拆解

芒神的衣飾裝扮

芒神所穿的衣服及腰帶顏色有一套規律，它是以立春之日的地支所定。2021 辛丑年，立春早在 2020 年西曆 2 月 3 日，農曆十二月廿二日，日干支為壬午，所以巳午為根據十二地支之衣色列表如下：

立春日之地支	衣色	腰帶色
亥 子	黃	青
寅 卯	白	紅
巳 午	黑	黃
申 酉	紅	黑
辰 戌 丑 未	青	白

所以壬午日之午地支，芒神便穿黑衣黃腰帶。

芒神的頭髻

芒神的頭髻也是以立春之日的納音五行來定。

納音五行	兩髻形狀
金	兩髻在耳前
木	兩髻在耳後
水	左髻在前，右髻在後
火	右髻在前，左髻在後
土	兩髻在頭頂上

辛丑年立春日為「壬午」干支，訣：「壬癸林鐘滿」，壬午納音為「林」屬木，所以芒神「平梳兩髻在耳後」。

行纏鞋褲

　　行纏是芒神腳上的腳繩以方便工作。如果行纏鞋褲俱全，代表該年的雨水少，整體農作物豐收，地比較乾涸。如果芒神是赤腳，代表當年雨水偏多，有洪水之害。當然上述兆象要參考《地母經》，因為可以在同一年雨水偏少，但在某季卻有突發洪災。

鞭杖二尺四寸 五色苧結

　　鞭杖長二尺四寸代表一年廿四節氣，五色結分三種，有麻、絲及苧或草結。寅、申、巳、亥四孟之年為麻結；子、午、卯、酉四仲之年為苧或草結；辰、戌、丑、未四季之年為絲結。

芒神早忙與晚閒

　　芒神有早忙或晚閒之說，如果立春早於正月初一，為早忙。今年耕種要提早，以免遇上年底可能出現的乾旱、水災、蟲禍等問題。至於晚閒，是因為晚稻可能出問題，不要種晚稻而改種其他農作物，減輕損失。

芒神前後位置

芒神站立的位置與農曆初一與立春日有關，春牛圖記：

「芒神早忙立於牛前右邊。」

1. 芒神站在春牛之前

表示：立春日早於正月初一，例如 2021 年辛丑的情況。

2. 芒神站在春牛之後

表示：立春日後於正月初一。

3. 芒神和春牛並排站立

表示：立春日與正月初一為同一日。

芒神站在牛之前，
代表立春日較早。

第三章 春牛密碼全圖拆解

芒神和春牛平排，
代表立春日與初一為同一日。

芒神站在春牛之後，
代表立春日較遲。

三、春牛災異

　　《土牛經》及一般黃曆《通勝》，只指出春牛的顏色情況，但是對於怎樣用春牛來推測來年天氣對各地方的不同影響，則未有書刊流傳。其實，推斷春牛身上各部分的顏色，是可以推斷出個別地方的天氣差別，而不是籠統定案。

春牛身體與山川形勢

　　春牛身體各主要部分是與某地方的形勢有關。

1. 春牛的頭部

　　它代表一些高原，山頂突出的地形。

2. 春牛的身體

　　它代表一些平原，平坦的地方。

3. 春牛的腹部

　　它代表一些山谷，低窪沼澤、凹入的地勢。

4. 春牛角耳尾

　　角耳尾代表立春日之天干，一般代表全年的總體情況。

春牛身體與五行顏色

紅色為火，代表極熱、極旱燥，甚至出現旱災。

黃色為土，代表乾燥，但也會在秋收時出現禾麥成熟，田地一片金黃之象，所以也是豐收，風調雨順之年。

黑色為水，代表雨水多，有洪澇大雨之象。

青色為水，代表樹林青蔥之象，遇上此象，種植果樹等會有豐收。

白色為金，有兵災、賊劫、人禍之象，故宜早作防禦。

因為地形有異，各地之高低凸出凹入都有不同，各地的小氣候也有所不同。

山川形勢凹凸不平，各有風貌。

　　大家會注意到，當不同風向及雨雲吹向多處地方時，兩處地方的局部天氣範圍都會有不同，例如維港市區內被香港島群山及九龍半島北之九個山包圍，所以有時在港島南及西貢半島一帶有雨，但維港內風和日麗；有時新界元朗平原無雨，但維港內則滂沱大雨。

　　春牛身體正是反映不同地形會出現一些局部天氣 (Micro Climate) 的不同現象，例如 2021 年香港的春天只有幾場大雨，但在長江、黃河、平原一帶卻出現大雨、大洪水，涉及山區的四川平原如西湖（湖南、湖北）及兩江（江西、安徽、浙江）等地。

　　2021 年的春牛是「頭白身黃腹黃」，身黑代表全中國的平原地方出現大雨、大洪水，這正好應驗了今年四大河流平原大洪水的局面。

　　至於腹黃，意即在一些山谷地區的雨量較少，但可以有豐收之象，但是其角耳尾代表立春日之天干。**2021 年立春日是壬午天干為「壬」，「壬」代表大水；所以雖然整年乾旱，但在春夏會有大水之應。**

　　2021 年芒神的行纏鞋褲俱全，代表地面上旱燥，不會有泥窪之地。如果有大雨，在沒有水泥地的古代，地面會變成一片泥濘，古代農民珍惜衣襪鞋褲，所以在大雨天便會赤腳行路。

高山之上兵伐之爭

　　至於 2021 年牛頭是白色，白色屬金，代表兵伐、賊劫，今年位於亞洲大陸高山地區的亞美尼亞與鄰國阿塞拜疆大戰、中印在西藏與拉達克之爭，都發生在高山之上，是否與此兆有關呢？

　　古書未有涉及這麼遠的地方，大家不妨作為一個記錄，在比較多類似的統計後才能下決定。

四、龍辛牛蠶之數

在春牛圖相關的注釋中，還有一些訊號，顯示全年的天氣及經濟的關係。

現以 2021 辛丑年春牛中便有以下記載：

「二龍治水，一日得辛，十一牛耕地，三姑把蠶，蠶食一葉。」

這些訊號與古代農業生產成本及狀況有關，亦是與日子中天干地支有關。

以 2021 年《通勝》為例，在辛丑年曆書中，初一後至十五的干支排列如下：

這些龍、辛、牛、蠶之算法，龍是代表十二地支中之辰支；辛是十個天干中其中一個干，十二地支中丑之生肖為牛，而蠶蟲所吃為桑葉，是木，它代表干支納音為木的某日，其法是以正月初一之干支及納音開始數起，由初一至某日遇到第一個「龍辛牛蠶」，便得到某數。

公曆	農曆正月	日干支	日納音	廿八宿	建除	
2月12日	初一	辛卯	木	亢	除	第一個木納音 第一個辛日
2月13日	初二	壬辰	水	氐	滿	第一個辰日
2月14日	初三	癸巳	水	房	平	
2月15日	初四	甲午	金	心	定	
2月16日	初五	乙未	金	尾	執	
2月17日	初六	丙申	火	箕	破	
2月18日	初七	丁酉	火	斗	危	
2月19日	初八	戊戌	木	牛	成	
2月20日	初九	己亥	木	女	收	
2月21日	初十	庚子	土	虛	開	
2月22日	十一	辛丑	土	危	閉	第一個丑日
2月23日	十二	壬寅	金	室	建	
2月24日	十三	癸卯	金	璧	除	
2月25日	十四	甲辰	火	奎	滿	
2月26日	十五	乙巳	火	婁	平	

第二章　春牛密碼全圖拆解

　　以 2021 辛丑年為例，辛丑年正月初一是卯日，其日之納音為木，所以辛卯日第一日便遇到辛干，故此為「一日得辛」，而辛卯日之納音為木，所以「蠶食一葉」。

　　至於正月列排，初二為壬辰日，是第二日遇到辰支，故此定在「二龍治水」。正月初十一編排至西曆 2 月 22 日，農曆正月十一日才遇到第一個丑日，所以便定下「十一牛耕地」。其他年份也是如此類推，而每年其數都有不同。

古稱，龍是和降水聯繫有關，
故望「二龍治水」帶來風調雨順。

五、龍治水

在西藏曆中也有龍的圖示,在古代,相傳龍為管治水的神獸,所以每年按照龍數的多少,便可知該年的下雨量有多少,以便安排耕種用水;現時,香港因為有東江水的大水供應,所以自六十年代後便沒有再出現水荒,但從全世界及整個中國的角度分析,某年是多雨或少雨會影響整體生產。

美國加州便在過去十年出現過雨量不足的乾旱,這幾年雨量雖有增加,但多年土地乾旱便造成2019至2020年這幾年大火的成因。

每年龍數的多少,並非龍多雨多,龍少雨少,所謂「一個和尚擔水食,三個和尚無水食。」龍數太多反而是無龍負責,大家推卸責任,反而是雨不下,便乾旱;至於龍數太少,龍又不足夠放水,所以也會導致乾旱。同樣道理,如果龍的數目是一至十二中的中位數,六至八則為最合適,雨水多但不致洪災,便會風調雨順。

六、辛數

　　天干五行中，庚辛屬金，庚屬陽金，辛屬陰金，古人以庚陽金屬鐵器，如刀劍之類的物件，辛為陰金，在古代是那些小銅錢，中國銅錢是圓形，而中間有一個方孔，以方便用一條金屬杆貫穿在一起，以便點算，這也是一般人日常最多使用作買賣的錢幣；所以辛代表一些平日流動供貸，使用的金錢。

　　辛大多代表在市場上，容易借貸到錢，流動資金充裕，市場錢很多，也比較容易賺到錢，但這並不表示經濟的好壞。例如 2008 戊子年當年是五日得辛，美國作量化寬鬆，市面上銀行「放水」放錢，但這並不表示經濟好。

　　2021 辛丑年，只是「一日得辛」，因為新冠疫情，全世界都要隔離，商店要關門，無法經營；所以銀根很緊張，市場現金短缺，經濟不好。又如到 2022 壬寅年，是「七日得辛」，銀根會比 2021 年寬鬆很多，經濟會有一個表面恢復之表象。

七、牛耕地

牛是古代生產耕作的主要動力，是代表某地方的生產人力，所以如果多匹牛只耕同一面積的地，代表人力過剩，人工較平宜，失業率高，不能加薪；如果少牛耕同一塊地，則代表人手不足，失業率低，打工仔可以爭取加薪，老闆的人力成本會加大。

2021 年「十一牛耕地」，正是香港的經濟因為疫情而變差成幾十年來的最不好，失業率最高之時，打工仔主要是要保就業而不敢爭取加薪。 2022 年得「五牛耕地」，代表就業情況有所改善，打工仔飯碗得保。

牛在印度可謂備受敬重，在當地被尊稱「聖牛」。

八、姑把蠶 蠶食葉

　　古代做絲織布是用蠶絲為原料，這是農業社會的工業副生產，而蠶蟲每年食多少桑葉則代表其生產成本；所以如果某年蠶蟲食葉較多，代表生產原料的成本較貴；食葉較少則代表生產成本比較平宜。

　　至於負責生產的姑娘，分別為大姑、二姑及三姑，其實是以孟年、仲年、季年來分，寅、申、巳、亥，地支年份為「大姑把蠶」；子、午、卯、酉，地支年份為「二姑把蠶」；辰、戌、丑、未，地支年份為「三姑把蠶」。

　　所以，**2020 年庚子年，子為地支，故此為「二姑把蠶」，這三位姑娘的年紀與芒神的老、壯及童子年紀是互相配合的。**

蠶食葉多，除了代表成本較高，亦決定蠶肥繭大。

附錄

掃一掃，可看到 2022 年最新的
「九宮飛星圖」和「重要吉日一覽」。

辛丑牛年之
九宮飛星風水佈局

　　一年之中，朋友找筆者幫忙最多的是看流年要在家中擺放甚麼風水器物，這些風水器物主要是用於對應每年流年各種風水飛星神煞之用。

　　風水術數是一種四度空間的學問，今天科學只有三度空間，而一個公認的公式是不會因時間改變而出現不同吉凶的。

　　易經術數堪輿理論，風水輪流轉，變幻才是永恆。堪輿學上所使用的是，由一至九的所謂「流年飛星」，這九顆飛星中有吉、有凶。此外，更有一些流年神煞諸如太歲、三煞、力士等等，各有作用，因為年年不同、月月不同，所以才會出現人世間各種悲歡離合的事件。

2021 年九宮飛星圖

南

五	一	三
四	六	八
九	二	七

東 西

北

　　為方便各位讀者朋友，筆者每年都會在個人臉書上載「流年九宮飛星圖」，講解在家中每個方位應擺放甚麼樣的風水器物，大家按圖索驥，自行在家中安排便可。但要聲明，因為沒有個別家中人之命卦及各住所內外環境的配合，流年擺位圖猶如小藥，並不能百分百幫得上。

2021 年九宮飛星圖

東南	南	西南
五層風鈴 忌紅色	三顆植物 土種	紅色地毯
東 一支水種竹	紅黃雜色花	靜音動水 或空氣清新機　**西**
不宜動土裝修	黃色地毯 下藏二錢	六個銅錢 一個銀元 一盆鹽水
東北	北	西北

吉日選擇

　　現在坊間供售賣的《通勝》，都設有每天可選擇做甚麼的宜及忌記錄，小事大家可以按圖索驥而去做，例如古人留長頭髮，而在北方是用凍水來洗頭，因為燒柴火煮熱水是一件非常麻煩、昂貴及花費資源的事，長時間用凍水洗頭，容易使人頭痛以致生病，所以古人要擇日理髮。

　　今日現代人每天用熱水洗髮，選擇理髮吉日也只是求個吉利吧。

　　一般人要選擇吉日，主要涉及一些人生大事。

　　擇日大事包括：祭祀祈福、開工裝修、完工後遷居、結婚送大禮、嫁娶、寄信應徵、生意開張等等，有些人甚至會擇日割腹生子。

　　一般情況，如果是理髮、朋友敍會等小事，可以「擇日不如撞日」，也可以參考一般《通勝》的每日指示去用。重要人生大事，例如結婚嫁娶、商業開張、住宅大裝修始動工、完工後遷移入住、先人入葬、移民出行、求職等，如果可以擇日便可以趨吉避凶。

嫁娶乃人生大事，務必要擇日以求個吉利。

擇日建除、調遞之法

最複雜的擇日方法是用真正在天上的星辰，用「七政四餘」（這是中國古代占星學系統）之法來擇日，由於不少術數家不懂天文曆法，更不懂觀星、占星，所以歷代術數家也把此方法簡化為一些規律的方法。

其中比較主流的一派為，自春秋戰國已流傳下來的「月家建除法」。此法是以「月建」配合廿四節氣、天干地支及廿八宿來作為擇日的基礎。此法衍生出來的就是各類「叢辰」之神煞，也就是紫微斗數演變的基礎。建除法還有風水堪輿的方法，這就是「調遞之法」，用於與九宮飛星玄空配合，作為建築的方法。

廿四節氣與天干地支的配合

　　所謂建除之法，是以廿四節氣所分的十二個月為基礎，十二個月以「子、丑、寅、卯、辰、巳、午、未、申、酉、戌、亥」十二地支分配。

　　以寅配正月，所謂「正月建寅」，建除分十二日，分別為「建、除、滿、平、定、執、破、危、成、收、開、閉」編排。所以，正月內但凡每日天干地支排到寅日都為建日，寅日後一日為卯日，故為除日；卯後辰日，為滿日；辰後巳日，為平日，如此類推。

　　到了二月為寅之後的卯月，月建變成卯日，所以排到卯日便是建日，辰日是除日，一直排到寅日變成閉日，所以一般《通勝》都會把十二字以建和除排先，故稱此方法為「建除家」，歷史上「建除家」見於《雲夢秦簡》及《史記》，而這些重要資料安排在每一日作為標記。

以 2021 年正月初一為例：

「最上為西曆 2021 年 2 月 12 日星期五；中段為『初一辛卯木亢除』」

「辛卯」是該日六十甲子所選排的天干地支，辛是天干，卯是地支，而辛卯之納音為木，所以在辛卯後寫有木字。

黃道吉日的來歷

「亢」是代表天星廿八宿中，青龍七宿中的第二宿，青龍七宿為「角、亢、氏、房、心、尾、箕」，而這廿八宿中，**《通勝》會出現紅字及黑字，紅字代表此宿在太陽黃道以北，為陽位吉；黑字代表在黃道之南，為陰位，所以一般擇日會選廿八宿中的紅色，正是俗語所謂「黃道吉日」。**

雖然一般的情況是，以紅字黃道吉日為吉，但這並不表示凡黑字的日子便不可用，要細心研究。至於最後一個為「除」字，就是建除家中排第二位的除字，因為正月建寅，所以卯日便是建除日。初二辰日便是滿日。

年初開工吉日

　　一年之計在於春，春節過後，第一日上班、上學，都被視為影響全年順利與否的日子。而根據筆者多年的統計，此日的確會影響閣下全年的運程。

　　在古代，因為農村社會並沒有星期六、日的假期，所以一般是在正月十五元宵節後才工作；在香港，春節假期一般為 3 日，除了因星期日補假的年份是在初五上班，大多數人是在正月初四上班；在內地，雖然各地的開工日略為不同，但是以初八左右上班為多。

　　如果這一日是公務員及工商銀行等較多人上班的日子，該日碰巧遇上吉日的話，則全年政治、經濟會比較興旺。與此相反，如果此日遇上例如破這類凶日，則該地方會出現經濟不景或衰落等問題。

　　舉一個例子，台灣總統馬英九就是在破日上任的總統，所以他在任後期政治上受着很大的壓迫，下台後更令國民黨衰落。

己亥豬和庚子鼠 開市非吉日

　　回想過去兩年，2019 己亥豬年西曆 2 月 8 日為正月初四，是春節假期完結後的第一個上班日；2020 庚子鼠年，由於春節假期跨過星期日，原來只放三天的假期再加上一日，變成初五星期三才是大部分人的「開市日」。

　　正月初五是西曆 2020 年 1 月 29 日，日干支是辛未，納音為土，廿八宿是「壁」宿管日，建除為「破」日，是與月建丙寅相沖大凶之日，加上 2019 年尾六星連珠而日蝕，又有 2020 年土木相會，故此香港，以至全球都出現新型冠狀病毒肺炎，其影響力之大已經不用多言。

辛丑牛年大病初癒

　　2021 年 2 月 15 日，農曆正月初四甲午日，納音為金，廿八宿為「心宿」，建除為「定」日，是個開工大吉之日。所以，**可以預計，新冠肺炎的傷害雖然未能完全解除，但 2021 年會有一個小陽春經濟反彈的吉象，香港也可以擺脫由 2015 年起的社會事件，重新恢復經濟活動，但是 2021 年並非全吉，所以大家還是要小心為上。**

　　本文所採用的方法與坊間《通勝》不同，坊間《通勝》內容為每日都有宜忌可選，可是對一般讀者來說，如果要辦大事便難以選擇，因此**筆者在全年之中精選了一些大吉及次吉的日子，方便大家選用。**

　　正如前文所述，古代術家選擇，一般是少用正月、三月、七月及九月的日子，因為正月為太歲月建；七月為「歲破月」；三、九為「魁罡月」，但也有小量可供選擇的日子。

重要吉日一覽

右方開始的圖表，是 2021 年較吉利可供選擇的日子。大概分為大吉、次吉及特用三級。

何以會分為大吉、次吉及特用三級？

· **大吉是有利大部分婚娶、開市、房屋動工、完工搬遷出行、求職、入葬等要求。**

· **次吉也合大部分要求，但不是最吉的日子。**

· **其餘的日子，只宜表中所列的用途。**

注意事項：

陰陽道理，這些大吉日子都會與部分人的命格有所沖害，所以圖表特意列出何人不宜，以便參考。

附錄

西曆	農曆	干支	納音	廿八宿	建除	吉用	所忌出生年份	
2月15日	正月初四	甲午	金			**開工大吉日**	2008	1972
2月18日	正月初七	丁酉	火			不宜動工、裝修、婚姻。		1963
2月27日	正月十六	丙午	水			**大吉**	2008	1972
3月16日	二月初四	癸亥	水			**大吉**	1999	1977
3月25日	二月十三	壬申	金			次吉		1986
3月28日	二月十六	乙亥	木			大吉		2001
4月7日	二月廿六	乙酉	水			次吉	2020	2010
4月24日	三月十三	壬寅	金			**大吉**	1978	1956
5月7日	三月廿六	乙卯	水			平日只急事用		1981
5月19日	四月初八	丁卯	火			次吉		

西曆	農曆	干支	納音	廿八宿	建除	吉用	所忌出生年份	
5月22日	四月十一	庚午	土			**大吉**		
5月26日	四月十五					月蝕前後三日忌用。		
6月3日	四月廿三	壬午	木		除	**大吉**		1994
6月10日	五月初一					當日是日蝕，但在本港看不見。		
6月13日	五月初四	壬辰	金		開	**大吉**	2006	
6月19日	五月初十	戊戌	木			**大吉**	1963	
6月23日	五月十四	壬寅	金			中平可用	1956	1980
7月1日	五月廿二	庚戌	金	定	角	**大吉**	1964	1988
7月5日	五月廿六	甲寅	水	心	成	中平	1980	
7月26日	六月十七	乙亥	水	張	定	**大吉**	2001	

西曆	農曆	干支	納音	廿八宿	建除	吉用	所忌出生年份	
8月 4日	六月 廿六	甲申	水	箕	除	動工、 出行、 開張。	2010	
8月 23日	七月 十六	癸卯	金	張	危	**大吉**	1957	1981
8月 26日	七月 十九	丙午	火	角	開	**大吉**	1972	
9月 7日	八月 初一	戊午	火	室	開	次吉	1984	1972
9月 18日	八月 十二	己已	木	柳	成	**大吉**	1995	
10月 9日	九月 初四	庚寅	木	胃	定	次吉	2004	
10月 10日	九月 初五	辛卯	木	昴	執	**大吉**	2005	
10月 13日	九月 初八	甲午	金	參	成	次吉	2020	
10月 22日	九月 十七	癸卯	金	亢	執	次吉	1957	
10月 24日	九月 十九	乙已	火	房	危	吉	1971	1983
10月 25日	九月 二十	丙午	水	心	成	**大吉**	1972	

西曆	農曆	干支	納音	廿八宿	建除	吉用	所忌出生年份	
10月27日	九月二十二	戊申	土	箕	開	只宜安葬	1962	
11月6日	十月初二	戊午	火	胃	成	次吉	1996	
11月9日	十月初五	辛酉	木	觜	開	次吉	1975	
11月15日	十月十一	丁卯	火	張	定	次吉	1993	
11月19日	十月十九	辛未				月食前後三日忌用。		
11月27日	十月廿三	巳卯	土	女	定	**大吉**	1981	
11月30日	十月廿六	壬午	木	室	危	次吉	1996	
12月1日	十月廿七	癸未	木	璧	成	宜開工、嫁娶、收納、遇貴人。	1997	
12月4日	十一月初一					本港不見日蝕，前後三日百事不宜。		

附錄

西曆	農曆	干支	納音	廿八宿	建除	吉用	所忌出生年份	
12月 11日	十一月 初八	癸巳	水	柳	執	**大吉**	2007	
12月 23日	十一月 二十	乙巳	火	斗	執	次吉	1971	
12月 31日	十一月 廿八	癸巳	木	婁	除	次吉	1967	
2022年 1月 1日	十一月 廿九	甲寅	水	胃	滿	次吉	1992	
1月 8日	十二月 初六	辛酉	木	柳	成	次吉	1963	1975
1月 17日	十二月 十五	庚午	土	心	執	**大吉**	1984	1972
1月 20日	十二月 十八	癸酉	金	斗	成	**大吉**	1975	1987

西曆	農曆	干支	納音	廿八宿	建除	吉用	所忌出生年份	
1月22日	十二月二十	乙亥	火	女	開	**大吉**	2001	1977
1月25日	十二月廿三	戊寅	土	室	除	次吉	1992	1980
1月29日	十二月廿七	壬午	木	胃	執	次吉	2008	1998
1月31日	十二月廿九	甲申	水	畢	危	宜安葬	2010	1998

附
錄

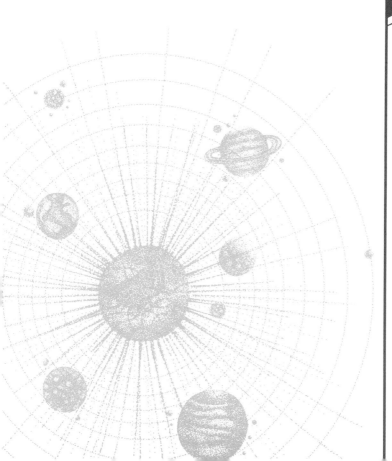

春牛圖
密碼解讀

一本通書讓你讀懂春牛預言謎思

著者
蔣匡文

責任編輯
嚴瓊音

裝幀設計、排版
吳廣德

出版者
萬里機構出版有限公司
香港北角英皇道 499 號北角工業大廈 20 樓
電話：2564 7511
傳真：2565 5539
電郵：info@wanlibk.com
網址：http://www.wanlibk.com
　　　http://www.facebook.com/wanlibk

發行者
香港聯合書刊物流有限公司
香港荃灣德士古道 220-248 號荃灣工業中心 16 樓
電話：2150 2100
傳真：2407 3062
電郵：info@suplogistics.com.hk

承印者
美雅印刷製本有限公司
香港九龍觀塘榮業街 6 號海濱工業大廈 4 樓 A 室

規格
32 開（185mm x 130mm）

二〇二〇年十二月第一次印刷
二〇二一年十二月第二次印刷